essentials

Springer Essentials sind innovative Bücher, die das Wissen von Springer DE in kompaktester Form anhand kleiner, komprimierter Wissensbausteine zur Darstellung bringen. Damit sind sie besonders für die Nutzung auf modernen Tablet-PCs und eBook-Readern geeignet. In der Reihe erscheinen sowohl Originalarbeiten wie auch aktualisierte und hinsichtlich der Textmenge genauestens konzentrierte Bearbeitungen von Texten, die in ma.geblichen, allerdings auch wesentlich umfangreicheren Werken des Springer Verlags an anderer Stelle erscheinen. Die Leser bekommen „self-contained knowledge" in destillierter Form: Die Essenz dessen, worauf es als „State-of-the-Art" in der Praxis und/oder aktueller Fachdiskussion ankommt.

Juliane Wetzel

Moderner Antisemitismus unter Muslimen in Deutschland

Juliane Wetzel
Zentrum für Antisemitismusforschung
Technische Universität Berlin
Berlin, Deutschland

ISSN 2197-6708
ISBN 978-3-658-04273-8
DOI 10.1007/978-3-658-04274-5

ISSN 2197-6716 (electronic)
ISBN 978-3-658-04274-5 (eBook)

Die Deutsche Nationalbibliothek verzeichnet diese Publikation in der Deutschen Nationalbibliografie; detaillierte bibliografische Daten sind im Internet über http://dnb.d-nb.de abrufbar.

Springer VS

Gedruckt auf säurefreiem und chlorfrei gebleichtem Papier

Springer VS ist eine Marke von Springer DE. Springer DE ist Teil der Fachverlagsgruppe Springer Science+Business Media
www.springer-vs.de

Vorwort

Dieser Beitrag ist eine überarbeitete und aktualisierte Fassung eines Artikels, der in dem von Thorsten Gerald Schneiders herausgegebenen Band „Islamverherrlichung. Wenn die Kritik zum Tabu wird“ erstmals veröffentlicht wurde. Intention des Herausgebers war es, radikale Strömungen in der Auslegung des Islams zu thematisieren, ohne „Islambashing“ zu betreiben und einen sachlichen Diskurs zu initiieren, der populistische und polemische Töne sowie einseitige Zuschreibungen vermeidet. Der interdisziplinäre Zugang, den der Herausgeber durch Autoren der verschiedensten Fachgebiete gewährleistet, öffnet ein breites Feld für eine Debatte, die bisher in vielerlei Zusammenhängen einseitig verlief und entsprechende Sachlichkeit vermissen ließ. Neben theologischen Themen werden rechtliche Fragen ebenso behandelt, wie der gegenwärtig Umgang des islamischen Erbes in Europa. Der hier vorliegende Beitrag erschien im dritten Abschnitt, der mit „Verhalten und Eigendarstellung von Muslimen in Deutschland“ überschrieben ist.

Inhaltsverzeichnis

1 Einleitung

Antisemitische Stereotype sind heute in allen politischen und gesellschaftlichen Kreisen virulent, sie sind in hohem Maße integrativer Bestandteil rechtsextremer Ideologie, finden sich im globalisierungskritischen und im linken Umfeld und sind auch in der Mitte der Gesellschaft längst kein Tabu mehr. Seit Beginn der Zweiten Intifada im Herbst 2000, als sich erneut zeigte, welchen Mobilisierungseffekt die Radikalisierung des Nahostkonflikts auf antisemitische Einstellungen und Aktionen hat, ist offensichtlich, dass antisemitische Stereotype und Propaganda aus der arabischen Welt, aus Nord-Afrika oder der Türkei in verschiedenen europäischen Ländern auch unter Migranten und deren Nachkommen virulent sind. Solche Vorurteile beschränken sich allerdings nicht alleine auf Menschen mit muslimischem Migrationshintergrund, sie sind nicht minder in der Mehrheitsgesellschaft verbreitet und lassen sich auch unter jenen Teilen der Bevölkerung feststellen, die einen polnischen oder russlanddeutschen Hintergrund haben bzw. aus den Staaten der ehemaligen Sowjetunion zugewandert sind.

Antisemitische Vorurteilsstrukturen unter Muslimen in Deutschland weisen kaum Anknüpfungspunkte an etwaige Traditionen im Islam auf. Vielmehr sind sie Ergebnis eines von europäischen Vordenkern des Antisemitismus in die muslimische Welt getragenen Topos, der dort inzwischen einen zentralen Stellenwert einnimmt und sich insbesondere in einer antizionistischen Variante gegen Israel, aber ebenso gegen Juden überhaupt richtet (vgl. zum Antisemitismus in der arabischen Welt: Tibi 2003). Entgegen verbreiteten Vorstellungen – nach denen Araber als Semiten keine antisemitischen Vorurteile hegen könnten – schließt der Begriff „Antisemitismus" auch Judenfeindschaft unter Arabern ein. Der Begriff Antisemitismus, der gegen Ende des 19. Jahrhunderts entstand, meint ausschließlich die Feindschaft gegen Juden und ist ein Konstrukt der Agitatoren seiner Entstehungszeit.

Die Aufmerksamkeit, die die Auseinandersetzungen im Nahen Osten in den europäischen Medien erfahren, hat den Konflikt mehr und mehr auch zum Thema des öffentlichen Diskurses werden lassen. Die Anschläge vom 11. September 2001

J. Wetzel, *Moderner Antisemitismus unter Muslimen in Deutschland*, essentials,
DOI 10.1007/978-3-658-04274-5_1, © Springer Fachmedien Wiesbaden 2014

in New York und Washington sowie der von den USA anschließend ausgerufene „Krieg gegen den Terror" haben eine heftige Diskussion über die Ursachen des radikal islamistischen Terrorismus ausgelöst, die von manchen primär in der israelischen Besatzungspolitik und in der pro-israelischen Haltung der amerikanischen Politik gesehen werden. Vor diesem Hintergrund verbinden sich antizionistische und antiamerikanische Einstellungen zu einem Vorurteilsmuster, das eine legitime Kritik an der israelischen Politik missbraucht, um antisemitische Dispositionen in einer vermeintlich legitimierten Form zu äußern. Das Zusammentreffen dieser Motive bedient die Kritiker von Kolonialisierung und Globalisierung auf der extremen Linken, den traditionell antisemitischen Rechtsextremismus sowie Teile der muslimischen Bevölkerung mit arabischem, nordafrikanischem bzw. türkischem Migrationshintergrund, insbesondere in Frankreich, Großbritannien, den Niederlanden und Belgien, aber auch in den skandinavischen Ländern und in Deutschland. Hier verbinden sich klassischer Antisemitismus, Antizionismus, aber auch postkoloniale Traumata zu einem Weltbild, das durchaus gesellschaftliche Sprengkraft besitzt.

2 Die Radikalisierung des Nahostkonflikts und ihre Auswirkungen

In Deutschland hatte die Radikalisierung des Nahostkonflikts zunächst einen deutlichen Anstieg antisemitischer Übergriffe – insbesondere Friedhofsschändungen und Propagandadelikte – ausgelöst, die vor allem der rechtsextremen Szene zuzuschreiben waren. Die mediale Präsenz des Themas und der öffentliche Diskurs, der durchaus antisemitische Konnotationen aufwies, bestärkten das rechtsextreme Spektrum in seinen Denkschemen und ließen es glauben, es vertrete eine verbreitete Meinung und setze sie in die Praxis um.

Zunächst schien es, als würde der Antisemitismus in der mehrheitlich türkischstämmigen muslimischen Bevölkerung Deutschlands keinen Widerhall finden. In den letzten Jahren allerdings hat sich das Bild gewandelt. Die eher als gering einzustufende Disposition der türkisch-muslimischen Bevölkerung für antisemitisch-antizionistische Denkmuster hat sich vor allem bei Teilen der männlichen Jugendlichen dahingehend verändert, dass mehr und mehr eine Solidarisierung im Sinne einer Verbrüderung „der Muslime" mit „den Palästinensern" erfolgte, die ausschließlich als „Opfer" des Nahostkonflikts wahrgenommen werden. Nicht nur das World Wide Web, sondern auch die Möglichkeiten des Satellitenfernsehens und des medialen Austausches weltweit machen es notwendig, das Phänomen dieses „islamisierten Antisemitismus" (Kiefer 2007; zu den verschiedenen Formen vgl. Farschid 2007) in seinen internationalen Zusammenhängen zu sehen.

Antisemitische Übergriffe gegen Juden und jüdische Einrichtungen sind im Frühjahr 2002 in Europa derart angestiegen, dass man von einer antisemitischen Welle sprechen kann, die eng mit den politischen Ereignissen im Nahen Osten verbunden war und sich bis heute gegenüber den 1990er Jahren auf einem deutlich höheren Niveau bewegt. Als Täter wurden in Frankreich, Belgien, Großbritannien und den Niederlanden überwiegend Jugendliche muslimischen Ursprungs aus dem Maghreb, Nord-Afrika und aus arabischen Ländern ermittelt, die in den Zuwanderungsländern selbst unter Diskriminierung und Rassismus leiden, in den Problemvierteln der Großstädte leben und ohne Perspektive sind. Nach der Ver-

J. Wetzel, *Moderner Antisemitismus unter Muslimen in Deutschland*, essentials, DOI 10.1007/978-3-658-04274-5_2,

nehmung von 42 potentiellen Tätern aus dem Maghreb, die beschuldigt wurden, Straftaten mit antisemitischem Hintergrund verübt zu haben, kommentierte die französischen Polizei: „Es handelte sich überwiegend um Delinquenten, die keine Ideologie verfolgen, aber ihre Motivation aus einer diffusen Feindschaft gegenüber Israel ziehen, die durch die Medienpräsenz des Nahost-Konflikts noch verschlimmert wird [...], ein Konflikt, der ihrer Meinung nach ein Bild des Ausgeschlossenseins und der Fehler reproduziert, das der Situation ähnelt, in der sie sich selbst als Opfer fühlen." (zitiert nach Samuels/Knobel 2002:3).

Obgleich antisemitische Straftaten bisher in Deutschland nur vereinzelt Tätern mit muslimischem Hintergrund zuzuschreiben sind, hat sich in den letzten Jahren doch gezeigt, dass verbale Übergriffe auf Juden aus diesem Kreis zunehmen. Ihre Motivation entspricht derjenigen, die die französische Polizei 2002 konstatierte. Islamistische Kreise nutzen diese diffuse Disposition gerade Jugendlicher, um sie für ihre Weltanschauung zu gewinnen. Antisemitismus ist fester Bestandteil radikal islamistischer Gruppierungen, also jener Vertreter, die den Islam nicht allein als Religion betrachten, sondern als Gesellschaftskonzept. Die Religion dient als Mittel zum Zweck und wird für politische Ziele missbraucht. In diesem Konzept spielt es keine Rolle, ob Mohammed in seiner Spätphase judenfeindlich agierte oder ob einzelne Suren des Korans judenfeindlich ausgelegt werden können.

Wenn wir uns heute mit dem Antisemitismus christlicher Prägung auseinandersetzen, dann steht nicht das Neue Testament im Mittelpunkt, sondern dessen Auslegung und das radikale Vorgehen der Kirchen gegen Juden, die sich einer Mission widersetzten. Ritualmord- und Hostienfrevellegenden ebenso wie die längst widerlegte Schuldzuschreibung gegenüber Juden, sie hätten Christus ermordet, sind bis heute nicht gänzlich überwunden. Judenfeindliche Versatzstücke im Islam sind weder in ihrer Radikalität noch in ihren Konsequenzen mit den Auswüchsen des christlichen Anti-Judaismus zu vergleichen. Der heutige Antisemitismus in der arabischen Welt und jener, den wir in Teilen der muslimischen Bevölkerung in Europa erleben, ist ein „islamisierter Antisemitismus", der kaum religiöse Wurzeln hat, jedoch politische Ziele verfolgt und die Religion für die Austragung eines politischen Konflikts missbraucht. Dabei werden Suren zitiert, die Juden – übrigens ebenso wie Christen – als „Schweine" und Affen" titulieren, weil sie Mohammed nicht als Propheten anerkannt hätten. Auf diese Quellen berufen sich Teile der arabischen Medien heute, wenn sie gegen Israel mobil machen wollen. Bereits Kinder – per Satellit auch in Europa – werden heute in entsprechenden Sendungen etwa des Hisbollah-Senders *al-Manar* (seit 2008 in Deutschland verboten) von solchen Bildpolemiken beeinflusst (Müller 2006: 167). Hier bieten sich durchaus auch Anschlussmöglichkeiten an antijudaistische Motive der christlichen Judenfeindschaft, die Juden seit dem Mittelalter mit der Tiermetapher der „Judensau" in christlicher Kunst und in Karikaturen diskreditiert.

3 Mediale Zuschreibungen

In den letzten Jahren verstärkt sich der Eindruck, dass antisemitische Dispositionen vor allem bei Jugendlichen arabischer oder türkischer Herkunft im Mittelpunkt des Interesses der Medien stehen. Die Erkenntnis, dass auch diese Bevölkerungsgruppe nicht frei von solchen Vorurteilen ist, hat sich erst allmählich durchgesetzt und wurde lange Zeit verdrängt. Es stellt sich allerdings die Frage, warum diese späte Einsicht nun umso mehr im Mittelpunkt der Aufmerksamkeit steht. Übernimmt die Fokussierung auf den „islamisierten Antisemitismus" in Deutschland nicht eine Stellvertreterfunktion, die eine Verdrängung der Auseinandersetzung mit antisemitischen Stereotypen in der Mehrheitsgesellschaft ermöglicht, und passt er nicht allzu gut in das Repertoire einer islamfeindlichen Stimmung, die ihn als willkommene Schuldzuschreibung gegen die Muslime in Deutschland nutzt? Beide Formen sind verbreitet; sie missachten die Tatsache, dass der Antisemitismus ein europäisches Phänomen ist, das von Missionaren (Heyberger 2006) und Kolonialmächten in die arabische Welt getragen wurde und nicht umgekehrt. Deshalb sind die Bedenken jener, die in einer Thematisierung antisemitischer Tendenzen bei Muslimen die Gefahr sehen, dass insbesondere die marginalisierten Jugendlichen noch weiter ins Abseits gestellt werden könnten, durchaus berechtigt. Die Konsequenz solcher Überlegungen darf allerdings nicht sein, das Thema auszusparen. Vielmehr sollte Antisemitismus als ein gesamtgesellschaftliches Phänomen betrachtet werden, das in allen politischen und gesellschaftlichen Spektren latent vorhanden ist und quer zu Herkunftshintergründen verläuft (Messerschmidt 2006:168 f.). Klaus Holz konstatiert zu Recht, dass zwischen Herkunft und Antisemitismus keine monokausale Beziehung bestehe. Der Antisemitismus unter den Muslimen mit Migrationshintergrund, so Holz, entwickle sich häufig erst aufgrund der Erfahrungen im Einwanderungsland (Holz 2006: 53). Dies trifft vor allem auf die türkisch-stämmige Bevölkerung zu.

J. Wetzel, *Moderner Antisemitismus unter Muslimen in Deutschland*, essentials, DOI 10.1007/978-3-658-04274-5_3, © Springer Fachmedien Wiesbaden 2014

4 Empirische Studien

In jüngster Zeit scheint sich der öffentliche Diskurs über antisemitische Haltungen und Übergriffe in Deutschland auf „Muslime mit Migrationshintergrund" oder schlicht „die Muslime" zu fokussieren. Diese einseitige Zuschreibung wirft eine Reihe von Fragen auf. Zunächst geht es darum, zu eruieren, ob Antisemitismus im Einwanderungskontext ein Phänomen ist, das sich auf eine bestimmte Gruppe beschränken lässt.

Eine vom Bundesministerium des Innern in Auftrag gegebene Studie, bei der „muslimische Jugendliche" der 9. und 10. Jahrgangsstufe befragt wurden, lieferte erste Ergebnisse. 15,7 % der Jugendlichen stimmten der Aussage zu, dass „Menschen jüdischen Glaubens überheblich und geldgierig" seien. Nur 7,4 % der Jugendlichen mit Migrationshintergrund, die keine Muslime waren, und 5,7 % der „nichtmuslimischen Einheimischen" waren dieser Meinung (Brettfeld und Wetzels 2007, S. 275). Auch wenn diese Erhebung eine deutliche Diskrepanz zwischen Muslimen und Nicht-Muslimen zeigt, so verringert sie sich doch, wenn man andere Umfragen einbezieht, die nicht auf Jugendliche beschränkt waren und keine Unterscheidung in Bezug auf die Herkunft trafen. Im Oktober 2002 ließ das *American Jewish Committee* von Infratest eine Erhebung durchführen, in der 45 % der Befragten vollkommen oder weitgehend der Aussage zustimmten, dass Geld für die Juden eine wichtigere Rolle spielen würde als für andere Leute (AJC 2002). Nach den Einstellungserhebungen der *Anti-Defamition League* in den Jahren 2005, 2007, 2009 und 2012 in verschiedenen europäischen Ländern hielten in Deutschland etwas über 20 % der Befragten die Statements „Juden haben zu viel Macht in der Geschäftswelt" und „Juden haben zu viel Macht in der Finanzwelt" für ziemlich wahrscheinlich (ADL 2005, 2007, 2009, 2012). Bei einer Umfrage des Forsa-Instituts für den *Stern* im November 2003 stimmten 36 % der Befragten dem Item zu, „Viele Juden versuchen aus der Vergangenheit des Nationalsozialismus ihren Vorteil zu ziehen und die Deutschen dafür zahlen zu lassen". Bei den 14- bis 24-Jährigen waren es 25 % (*Stern*, 20.11.03). Selbst wenn hier andere Motive angesprochen sind,

J. Wetzel, *Moderner Antisemitismus unter Muslimen in Deutschland*, essentials,
DOI 10.1007/978-3-658-04274-5_4,

so verbergen sich hinter dieser Zustimmung doch auch die traditionellen Vorurteile des „mächtigen“ und „geldgierigen“ Juden. Insofern unterscheiden sich diese traditionellen Stereotype der Jugendlichen mit Migrationshintergrund nicht von jenen, die in der Mehrheitsgesellschaft virulent sind. Unterschiede sind wohl eher in den Motiven zu suchen. Jugendliche, die sich als Underdogs fühlen, von der Gesellschaft ausgegrenzt werden und bei der Bildung und auf dem Arbeitsmarkt benachteiligt werden, fühlen sich gegenüber der jüdischen Minderheit, die integriert ist und keinerlei Nachteile beim Zugang zu den sozialen Sicherungssystemen und zum Arbeitsmarkt hat, zurückgesetzt. Der daraus erwachsende Neid schürt das Ressentiment. Nicht ohne Einfluss ist auch die Präsenz der Erinnerung an den Holocaust im öffentlichen Diskurs, die bei den Muslimen mit Migrationshintergrund den berechtigten Eindruck hinterlässt, die Thematisierung der postkolonialen Verfolgungsgeschichte der eigenen Familien würde weitgehend ausgeblendet.

Die Umfrageergebnisse der Studie des Bundesinnenministeriums zeigen, dass offensichtlich Diskriminierungserfahrungen bei jungen Muslimen mit Migrationshintergrund einen stärkeren Einfluss auf antisemitische Einstellungen haben als bei jenen Jugendlichen, die nicht muslimisch geprägt sind. Hier haben offensichtlich die klassischen antisemitischen Klischees keine solche Durchschlagskraft. Da keine direkte Korrelation zwischen Einstellungen, die in Umfragen erhoben werden, und Übergriffen besteht, sagen solche Ergebnisse noch nichts darüber aus, inwieweit antisemitische Haltungen auch praktische Folgen haben.

Die ersten Ergebnisse der Studien des Soziologen Wolfram Stender und seiner Kollegen von der Fachhochschule Hannover haben gezeigt, dass Antisemitismus unter Zuwanderern in einem viel breiteren und differenzierteren Rahmen untersucht werden muss. Die Forschungsgruppe hat in Gruppendiskussionen mit Schülern (Spätaussiedler, mit türkischem/arabischem Hintergrund, autochthone Deutsche) und in Einzelgesprächen mit Lehrern und Schulsozialarbeitern herausgefunden, dass das Sprechen über „Juden“ von antisemitischen Stereotypen durchsetzt war, wobei die meisten Gesprächspartner nur fragmentarisch bekannte Klischees reproduzierten, also keineswegs von einer antisemitischen Weltanschauung auszugehen war. Im Gegensatz zu der Gruppe der türkisch-/arabischstämmigen Schüler, die offensichtlich den anti-antisemitischen Diskurs und die Tabuisierung antisemitischer Äußerungen im öffentlichen Raum, die ein Grundkonsens der bundesrepublikanischen Gesellschaft sind, bereits gelernt hatten, wurden in der Gruppendiskussion von jugendlichen Spätaussiedlern (Angehörige von deutschen Minderheiten aus Ost- und Ostmitteleuropa) offen und brutal antisemitische Stereotype geäußert. Zudem unterschied sich die Wahrnehmung der Schüler und Lehrer insofern deutlich, als die Lehrer entweder jegliche antisemitischen Vorkommnisse oder den Gebrauch von Schimpfworten wie „Du Jude“ bestritten oder alarmistisch reagierten und das Problem als eines der „muslimischen Schüler" darstellten, wobei sie die „massenmediale Inszenierung eines muslimischen Antisemitismus' z. T. bis in die Formulierungen hinein alltagssprachlich reproduzierten" (Stender und Follert 2010, S. 201). Diese Erkenntnisse basieren nur auf einem relativ limitierten Sample, allerdings können sie als Grundlage für weitere Forschungen dienen. Zudem machen sie deutlich, dass weder die Frage danach, ob es sich um ein Phänomen einer bestimmten religiösen Ausrichtung noch ob es sich um eine Folge der Zuwanderung aus bestimmten Ländern handelt, bisher ausreichend beantwortet werden kann. Ebenso stehen noch genauere Erkenntnisse darüber aus, ob es tatsächlich zutrifft, dass Antisemitismus unter Migranten in erster Linie ein Problem des Bildungsniveaus und der Milieuzugehörigkeit ist. Zumindest kann man davon ausgehen, dass beide Faktoren die Einstellung gegenüber Juden in signifikant höherem Maß als die Religionszugehörigkeit beeinflussen. Deshalb ist der Arabistin und Kennerin des Milieus in Berlin, Claudia Dantschke, zumindest was die Bevölkerungsgruppe mit muslimischem Migrationshintergrund betrifft, zuzustimmen, wenn sie konstatiert: „Für eine adäquate Auseinandersetzung mit antisemitischen Positionen von, Muslimen' ist es deshalb wichtig herauszufinden, welchem Milieu, welcher Ideologie und welchem Einflussbereich sie entstammen" (Dantschke 2009, S. 19) Deshalb greift etwa die Studie von Katrin Brettfeld und Peter Wetzels *Muslime in Deutschland,* die den Jugendlichen auch eine Frage zum Antisemitismus gestellt haben, insofern zu kurz, als die beiden verwendeten Kategorien „autochthone Deutsche" und „muslimische Migranten" zu undifferenziert sind. Die Gruppe der „Jungen Muslime", die befragt wurden, hat keine eigene Migrationserfahrung, sie sind in Deutschland geboren, sprechen Deutsch (die Sprache ihrer Eltern oder Großeltern können sie kaum) und rezipieren deutsche Medien. Insofern unterscheiden sie sich etwa von jenen, die als Flüchtlinge aus dem Libanon oder den palästinensischen Gebieten nach Deutschland gekommen sind (Brettfeld und Wetzels 2007).

Jürgen Mansel und Viktoria Spaiser haben im Rahmen des Projekts „Gruppenbezogene Menschenfeindlichkeit" der Universität Bielefeld in qualitativen und quantitativen Befragungen antisemitische Haltungen von Jugendlichen mit Migrationshintergrund sowie von deutschen Jugendlichen untersucht (Mansel und Spaiser 2010). Von letzteren stimmte jeder fünfte (20,2 %) der Aussage „Ich bin es leid, immer wieder von den Verbrechen an den Juden zu hören" voll zu (Mansel und Spaiser 2010, 25 f.). Bei Jugendlichen mit polnischem Migrationshintergrund lagen die Werte mit 26,7 % um einiges höher. Insgesamt kamen die Forscher zu dem Ergebnis, dass der sekundäre Antisemitismus nicht nur in den genannten Fällen, sondern ebenso bei Jugendlichen, die aus der Sowjetunion und aus Südeuropa stammen, deutlich höhere Werte aufwies als bei anderen Formen des Antisemitismus. Mansel und Spaiser vermuten, dass dies auf eine Umwegkommunikation zurückzuführen ist, um tabuisierte klassische antisemitische Stereotype zu vermeiden. Dies gilt ähnlich für die Formen des NS-vergleichenden Antisemitismus: 7,2 % der autochthonen deutschen Jugendlichen stimmten der Aussage „Was der Staat Israel mit den Palästinensers macht, ist im Prinzip nichts anderes als das, was die Nazis im Dritten Reich mit den Juden gemacht haben" voll und 25,5 % eher zu; ähnliche Werte zeigten die Befragten, die aus der Sowjetunion bzw. aus Polen stammten (Mansel, und Spaiser 2010, S. 26). Mansel/Spaiser konstatieren: „Dieser Befund scheint unsere Annahme zu bestätigen, dass sich Antisemitismus bei Jugendlichen aus dem europäischen Raum weniger offen zeigt, als vielmehr gedeckt durch einen Geschichtsrelativismus und ‚Geschichtsverdruss' in Bezug auf den Holocaust" (Mansel, und Spaiser 2010 S. 26). Bei Jugendlichen aus muslimischen Sozialisationskontexten fällt die Zustimmung deutlich höher aus, hier spielen der Nahostkonflikt und die Projektion negativer Haltungen gegenüber Israel auf Juden die zentrale Rolle. Die Befragten mit arabischem Sozialisationskontext stimmten dem Item mit 40,7 % voll und mit 18,7 % eher zu. Bei den türkischstämmigen Jugendlichen ergab die Befragung eine volle Zustimmung von 27,4 % und eine eingeschränkte von 25,6 % (Manser und Spaiser 2010 S. 26).

Die Ergebnisse der Studie machen aber auch deutlich, dass Jugendliche mit Migrationshintergrund, vor allem jene, die als Muslime wahrgenommen werden, häufiger benachteiligt und diskriminiert werden und Versagens-Erlebnissen wie etwa Klassenwiederholungen ausgesetzt sind, wobei das „individuell erlebte Ausmaß von Benachteiligung und Diskriminierung als ein gewichtiger Ausgangspunkt für Prozesse der Aufwertung der Eigengruppe und Abwertung von Fremdgruppen" bei allen Jugendlichen – mit und ohne Migrationshintergrund – festzustellen war (Mansel und Spaiser 2010, S. 4). Schüler aus muslimischen Sozialisationskontexten werden von autochthonen deutschen Mitschülern, aber auch von Lehrern diskriminiert, weil diese den islamfeindlichen Alltagsdiskurs in die Schule tragen. Deutsche Schüler kompensieren eigene Abwertungserfahrungen mit der Aufwertung der eigenen Gruppe gegenüber den „Fremden". Mansel und Spaiser konnten zeigen, wie stark Jugendliche mit muslimischem Migrationshintergrund in ihrer Haltung gegenüber Juden vom Nahostkonflikt beeinflusst sind, bei autochthonen deutschen Jugendlichen hingegen der geschichtsrelativierende sekundäre Antisemitismus nach wie vor durchaus eine Rolle spielt und nicht selten auch einen Zusammenhang mit dem Nahostkonflikt aufweist, wenn NS-vergleichende Stereotype in Bezug auf das Vorgehen der israelischen Regierung in den besetzten Palästinensergebieten Verwendung finden.

5 Desiderate der Forschung

Antisemitische Motive und Argumentationsmuster der verschiedenen politischen und gesellschaftlichen Gruppen unterscheiden sich zum Teil nur vordergründig. In welchem Verhältnis solche Muster in den jeweiligen Spektren virulent werden, ist für die rechtsextreme Szene ziemlich genau erforscht und wird zudem vom Verfassungsschutz entsprechend beobachtet. Die Auseinandersetzung mit dem Antisemitismus in der Linken hat bereits in einer Reihe von wissenschaftlichen Arbeiten ihren Niederschlag gefunden und wird auch in Teilen des Spektrums selbst thematisiert. Antisemitische Dispositionen in der Mitte der Gesellschaft werden regelmäßig in Umfragen erhoben und von der Antisemitismusforschung genauer untersucht (zuletzt Decker u. a. 2010). Aktuelle Formen des antijüdischen Vorurteils, die in Debatten den Nahostkonflikt und speziell Israels Politik als Vehikel benutzen, um tradierte antisemitische Stereotype zu äußern, werden allerdings in der Öffentlichkeit erst jüngst stärker wahrgenommen. Über das Phänomen antisemitischer Äußerungen und Übergriffe, die vor allem Jugendlichen mit Migrationshintergrund zugeschrieben werden, stehen empirische Untersuchungen nach wie vor aus. Daten darüber, ob die bisher bekannten antisemitischen Übergriffe von Tätern mit muslimischem Migrationshintergrund nur Einzelfälle sind oder tatsächlich eine höhere Disposition insbesondere bei Jugendlichen mit arabisch/türkischem Migrationshintergrund besteht, liegen bisher kaum vor. Dies ist umso bedauerlicher, weil nur eine empirische Datengrundlage auch die Möglichkeit bieten würde, entsprechende Konzepte für die Bildungsarbeit zu erstellen.

Nur einige wenige Islamwissenschaftler haben sich bisher mit der Thematik beschäftigt. Einige Beispiele sind Götz Nordbruch (2004, 2004a), Jochen Müller (2006, 2007, 2007a) und Michael Kiefer (2002, 2006, 2007). Erste Ergebnisse ihrer Untersuchungen weisen auf die Bedeutung des Opferdiskurses hin, der vor allem unter Jugendlichen eine Rolle spielt, deren Eltern und Großeltern aus dem Nahen Osten stammen und die zum Teil in der zweiten oder dritten Generation in Deutschland leben, aber noch immer einen ungesicherten Aufenthaltsstatus haben

J. Wetzel, *Moderner Antisemitismus unter Muslimen in Deutschland*, essentials, DOI 10.1007/978-3-658-04274-5_5, © Springer Fachmedien Wiesbaden 2014

und gesellschaftlich marginalisiert werden. Sie solidarisieren sich mit dem Schicksal der Palästinenser, die sie ausschließlich als Opfer israelischer Politik wahrnehmen. Israelis und gleichsam alle Juden, die ungeachtet ihrer ganz unterschiedlichen Affinität zu Israel zum kollektiven Feindbild avancieren, werden kategorisch zu Tätern und zum willkommenen Sündenbock für die eigene Situation erklärt.

Antisemitische Indoktrination 6

Eine Reihe von antisemitischen Übergriffen, aber auch Probleme in Klassen mit einem hohen Anteil von Schülern mit Migrationshintergrund, in denen antisemitische Äußerungen zunehmen, sind in den letzten Jahren bekannt geworden, vor allem weil sie von einer starken Medienaufmerksamkeit begleitet werden. Über die Motive kann nur gemutmaßt werden. Allerdings gilt es festzuhalten, dass antisemitische Stereotype bei Muslimen mit Migrationshintergrund auch die Reaktion auf eine reale Konfliktsituation sind, von der sie sich mehr oder weniger betroffen fühlen. Hier unterscheidet sich die Motivlage deutlich von jener des Antisemitismus, der in der Mehrheitsgesellschaft ebenso wie in extrem rechten und linken Milieus virulent ist und auf keinem wie auch immer gearteten realen Konflikt mit Juden bzw. Israelis basiert.

Antisemitische Ressentiments von Jugendlichen mit Migrationshintergrund, die eher Ausdruck einer diskriminierten Minderheit sind als eines gefestigten antisemitischen Weltbildes, sind heute zumeist in verbalen Entgleisungen auf Schulhöfen zu beobachten. Dabei beschränken sich verbale Attacken auf Juden wie etwa das Schimpfwort „Du Jude" im schulischen Bereich keineswegs auf Jugendliche mit Zuwanderungsgeschichte, sondern gehören vielerorts fast schon zum Allgemeingut. Provozierende Aussagen sind im Schulalltag und in jugendlichem Gruppenverhalten übliche Rhetorik, aber sie müssen thematisiert und nicht als gegeben hingenommen werden, weil sie sich sonst im Alltagsdiskurs verfestigen.

Bereits hier müssen Grenzen gesetzt werden, um der Gefahr einer Radikalisierung durch politische Indoktrination zu widerstehen. Solche Gefahren sind durchaus nicht aus der Luft gegriffen. So wurde auf der alljährlich in Berlin von der türkisch-islamistischen Organisation Milli Görüs im Frühjahr veranstalteten Buchmesse im Hinterhof einer Moschee 2006 der hetzerisch antisemitische Film *Zahras blaue Augen,* eine Produktion des staatlichen iranischen Fernsehens Sahar-1, in türkischer Übersetzung angeboten. Er erzählt die fiktive Geschichte eines palästinensischen Mädchens, das auf Befehl eines israelischen Offiziers entführt

J. Wetzel, *Moderner Antisemitismus unter Muslimen in Deutschland*, essentials,
DOI 10.1007/978-3-658-04274-5_6, © Springer Fachmedien Wiesbaden 2014

wird, um ihr in Form einer unfreiwilligen Organspende die Augen zu entfernen, die dem blinden Sohn des israelischen Offiziers wieder zum Sehen verhelfen. Der Film, als siebenteilige Fernsehserie konzipiert, verbreitet Verschwörungstheorien und bedient den antisemitisch konnotiertenTopos eines angeblichen illegalen israelischen weltweiten Organhandels. Eine türkische Synchronisation des iranischen Films wurde bereits 2005 über ein türkisches Satellitenprogramm gesendet (Kiefer 2007, S. 81); ähnliche konspirative Inhalte verbreitete auch der erfolgreiche Film *Tal der Wölfe - Irak* (Türkei 2006 - Originaltitel: *Kurtlar Vadisilrak*- Regie: Serdar Akar), der in Deutschland vor allem bei türkisch-stämmigen Jugendlichen auf große Begeisterung stieß. Neben antiamerikanischen Plots finden sich dort auch antisemitische Stereotype: Ein jüdischer Arzt entnimmt irakischen Gefangenen Organe und versendet sie nach Tel Aviv, London, New York und in andere Städte. Die Nachfolgeproduktion *Tal der Wölfe-Palästina* thematisiert den israelischen Angriff auf die Gaza-Flottille 2010 und verbreitet einen ganzen Kanon von antisemitischen Stereotypen. Diese bisher teuerste Filmproduktion der Türkei wurde - trotz kurzfristiger Verweigerung der Kennzeichnung durch die FSK - schließlich doch ab 18 Jahren freigegeben und lief wie geplant am 27. Januar 2011 - dem Holocaustgedenktag - in den deutschen Kinos an. Die FSK hatte einen gewaltverherrlichenden Tonfall und antiisraelische Klischees konstatiert. Aycan Demirel von der *Kreuzberger Initiative gegen Antisemitismus* (KlgA) wertet den Film als „dramaturgisch gesehen so schwach, dass er ohne Weiteres auf die Liste der schlechtesten Kinofilme aller Zeiten aufgenommen werden könnte". Trotzdem sei er ein gefährlicher Film, weil der Sub-Text laute, die Opfer von einst seien die Täter von heute, und Israel sei ein rassistischer Staat ohne Existenzberechtigung (*Jüdische Allgemeine Zeitung*, 3.2.2011).

Auf der Milli-Görüs-Buchmesse konnten Interessierte bereits 2005 ungehindert eine ganze Reihe türkische oder ins Türkisch übersetzte antisemitische Schriften erwerben wie etwa Henry Fords *Der internationale Jude* oder die *Protokolle der Weisen von Zion*. Die *Protokolle*, eine antisemitische Fälschung aus dem zaristischen Russland, gehören seit ihrem Entstehen Anfang des 20. Jahrhunderts zum Handwerkszeug aller rechtsextremen Ideologen. Sie unterstellen „den Juden", eine konspirative Gemeinschaft anzustreben, die die Weltmacht an sich reißen will, und bedienen damit das in allen einschlägigen politischen und gesellschaftlichen Spektren dominierende Motiv einer antisemitischen Weltverschwörung. Offen verkauft wurde ebenso eine Reihe von Büchern des bekannten Holocaustleugners Adnan Oktar alias Harun Yahya, der sich inzwischen moderater gibt. Weder die Medien noch staatliche Stellen haben nennenswerte Reaktionen gezeigt. Eine Pressemitteilung von Aycan Demirel von der *Kreuzberger Initiative gegen Antisemitismus* (KlgA) und Jochen Müller vom damaligen, inzwischen geschlossenen Berliner

Büro des *Middle East Media Research Institute* (MEMRI) hatte am 20. April 2005, ohne größeren Widerhall, auf diese Missstände aufmerksam gemacht (*adf-berlin. de*, abg. 3.9.08).

Während die französische Regulierungsbehörde, die für den Satellitenbetreiber Eutelsat zuständig ist, *Sahar-1* ebenso wie den libanesischen Hisbollah-Sender *al-Manar* 2004 bereits verboten hatte, geschah dies in Deutschland erst im November 2008. Ein Großteil der arabisch-, aber auch der türkischstämmigen Bevölkerung Europas hatte *Zahras blaue Augen* bis dahin längst über Satellit gesehen. Die Sender sind - trotz Verbots - auch weiterhin etwa über Arabsat und Nilesat, auf die die EU keinen Zugriff hat, zu empfangen (Weingärtner 2005). Inzwischen stellt sich die Frage nach dem Sinn solcher Verbote, weil die entsprechenden Satellitenprogramme problemlos über Internet gesehen werden können - etwa über folgenden Link, der eine ganze Palette von Satellitenprogrammen anbietet, darunter auch *Sahar-1* : armota.com/tv.htm. Da bisher weder Untersuchungen zur Rezeption des Internets noch von Satellitenprogrammen bei jenem Teil der Bevölkerung vorliegen, die solche Sender sehen, lassen sich keine Aussagen darüber treffen, wie viele Menschen von diesen Medien beeinflusst bzw. inwiefern die Inhalte unreflektiert übernommen werden und gar in verbalen antisemitischen Äußerungen oder Übergriffen münden.

Die Gefahren antisemitischer Indoktrination liegen neben der Rezeption antisemitischer Stereotype via Satellitenfernsehen und Printmedien vor allem im weltweiten elektronischen Datenaustausch politisch unterschiedlicher Gruppierungen, die den Antisemitismus als einigendes Thema entdeckt haben. Teile der rechtsextremen Szene und radikal islamistische Gruppen nutzen das World Wide Web als Propaganda- und Agitationsmedium. Gemeinsames Thema ist der Antisemitismus, der sich der Weltverschwörungstheorie als des dominierenden Motivs, aber auch tradierter Vorurteile aus der religiösen Judenfeindschaft bedient. Insbesondere jedoch werden solche antisemitischen Topoi instrumentalisiert, die sich aus der Geschichtsklitterung der Holocaust-Leugnung und dem Vorwurf an die Juden, sie würden sich zu Unrecht als Opfer stilisieren und damit Macht ausüben, speisen (Wetzel 2004). Ähnliche Inhalte finden sich bei *Radio Islam*, bei rechtsextremen beziehungsweise pro-arabischen/pro-palästinensischen Internetseiten aus Italien wie denen von *Lo Straniero Senza Nome*, *Associazione Italia-Iraq*, *Oltre la Verita Ufficiale* oder auch bei spanischen Homepages wie etwa der *Nuevo Orden*, einer Gruppe, die mit der gesamten rechtsextremen Szene verlinkt ist und Ähnlichkeiten mit der militanten rechtsextremen amerikanischen *Stormfront* aufweist. Abrufbar sind hier wie dort pseudowissenschaftliche Gutachten, die die Nichtexistenz von Gaskammern in Auschwitz belegen sollen und vor allem die *Protokolle der Weisen von Zion*. Die *Protokolle* haben - obgleich sie bereits seit den 50er/60er Jahren in der islamischen Welt kursieren - inzwischen auch vehement Einzug in die antizionistische Propaganda radikaler Islamisten gehalten. Solche verschwörungstheoretischen Legenden werden in aktuelle Zusammenhänge gestellt und als politische Waffe missbraucht, um zu unterstellen, die amerikanische Politik, aber auch die europäischen Staaten würden auf Druck einer vermeintlich jüdischen Weltmacht im Nahost-Konflikt auf Seiten Israels stehen. So bieten etwa Seiten aus dem Umfeld der Hisbollah die *Protokolle* an, um zu beweisen, dass dieses antisemitische Pamphlet „die Basis für das Verhalten der Juden“ sei und „ihre Seele nichts außer Korruption enthalte“. Die Internet-Nutzer sollen sie studieren, um „darüber Bescheid zu wissen, wie rassistisch und destruktiv das Denken der Juden“ sei (ADL 2002, S. 27). Folgt man dem in Schweden lebenden ehemaligem marokkanischen Staatsbürger Ahmed Rami, der auf seiner Homepage *Radio Islam* Islamisten und Holocaustleugner vernetzt, so wird „Antisemitismus und Antijudaismus [...] auch weiterhin das stärkste Mittel der Regierungen in der muslimischen Welt sein“. Rami reproduziert diese und ähnliche Statements in intellektuell anmutenden, langatmigen Texten bis heute auf seiner Homepage.

Welche Aktualität die *Protokolle* gerade in der arabischen Welt noch heute besitzen, hat die im November 2002 während des Ramadan über verschiedene arabische Femsehanstalten erstmals ausgestrahlte - und inzwischen mehrfach auf anderen Sendern wiederholte - 41-teilige ägyptische Serie *Reiter ohne Pferd* gezeigt, die das russische Machwerk in den Mittelpunkt stellte und ein Millionenpublikum erreichte, allerdings in arabischen Kreisen auch auf Kritik stieß (*MEMRI Special Dispatch*, 5.11.02; *Der Tagesspiegel*, 26.11.02). Solche Inhalte werden instrumentalisiert und richten sich nicht nur gegen Israel, sondern zielen auf alle Juden, die sich vermeintlich zu einem Komplott gegen die Welt, insbesondere gegen die arabische Gemeinschaft verschworen hätten. Hier wird ein Boden bereitet, den radikal islamistische Gruppen nutzen, um eine antisemitisch-antizionistische Stimmung zu schüren.

Viel mehr noch als Hetze, die via Satellit Europa erreicht, spielt gerade bei Jugendlichen Musik eine zentrale Rolle. Jugendkultur definiert sich auch und vor allem über Musik, ähnlich wie im Rechtsrock werden in den Texten der islamophilen Deutschrapper nicht nur Moralvorstellungen, sondern auch politische Inhalte transportiert, die den Djihad verherrlichen und gegen Israel bzw. „die Juden“ hetzen. Der albanisch-stämmige Stuttgarter „Bözemann“, der inzwischen vom Verfassungsschutz beobachtet wird, schaufelt in dem Videoclip zu seinem Rap *Die Herausforderung-New Massiv Diss* seinem Gegner, dem Gangsta-Rapper palästinensischer Abstammung „Massiv“, den er als „Gazaschwuchtel“ bezeichnet, ein Grab, auf dem er ein Holzkreuz mit der Aufschrift „Massiv“ und einem Davidstern errichtet. Dies korrespondiert mit Bözemanns – Songinhalt, in dem er Massiv als „Juden“ beschimpft. Die Titelbezeichnung „Diss“ markiert das Lied als beabsichtigten Beleidigungssong. In der Sprache der Rapper sind *Disstracks* solche Songs, die andere - in diesem Fall in einer Umkehr der Wirklichkeit Massiv als Juden - verbal angreifen und beleidigen. Eingestellt 2008 von „queen 1086" auf der Internetplattform *YouTube,* wurde das Video in nur wenigen Monaten über 585.000 Mal aufgerufen. Im Februar 2007 stellte der Nutzer „Ya Lubnan Hamudi-Libanon Mohammed" aus Berlin-Neukölln ein Rap-Video mit dem Titel *Araber regieren / Judendiss* ins Netz, das unter Berliner Jugendlichen kursiert: „Ich bin Nazi, sag na und, andere Nazis, sagt nicht nein, tötet jedes Judenschwein, die Yahudis sind gemein, es lohnt sich nicht, um sie zu weinen, alle sollen sie hier krepieren, Araber werden hier regieren, Palästina dirigieren, [...] Allahu Akbar." (zitiert nach Buschbom 2007 S. 26) Raps, die den Islamismus, den Djihad oder Selbstmordattentate verherrlichen und antisemitische Stereotype verbreiten, sind eine ähnliche Erscheinungsform der Jugendszene, wie wir sie im Rechtsextremismus finden. Also auch hier verläuft die Trennlinie zwischen hetzerischer Propaganda und der berechtigten Thematisierung sozialer und politischer Probleme in Form von Sprechgesang quer zur Herkunft. Allerdings unterstehen rechtsextreme Inhalte schon lange einer strengeren staatlichen Kontrolle. Islamistische Auswüchse der Jugendkultur werden erst in den letzten Jahren genauer beobachtet.

Dies galt geraume Zeit ebenso für pro-palästinensische Demonstrationen, auf denen Hetze gegen Israel skandiert wurde oder auf Bannern entsprechende Slogans antizionistischen Inhalts geschrieben standen. Polizei und Staatsschutz beobachten die Szene heute genauer. Darauf haben sich inzwischen Organisatoren solcher Demonstrationen eingestellt. Auf einer Demonstration in Berlin am 21. Oktober 2006 zum, „Al-Quds-Tag", dem von Ayatollah Khomeini nach der iranischen Revolution 1979 ins Leben gerufenen „Jerusalemtag" zur islamischen Befreiung der Stadt, waren die Botschaften eindeutig, aber die Inhalte wurden einer möglichen strafrechtlichen Verfolgung angepasst. Achtjährige muslimische Mädchen demonstrierten mit Plakaten „Kein Holocaust gegen Muslime in Nah-Ost" oder „Zionistischer Staat Israel gefährdet den Weltfrieden". Muslimische Frauen trugen Banner, die „Meinungsfreiheit für Zionismus-Forscher und Gegner Israels" und „Ihr Politiker, lasst euch durch die Zionisten nicht mundtot machen" forderten sowie zum gemeinsamen Handeln gegen .Antisemitismus und Zionismus" aufriefen. Die Demonstration, zu der der Betreiber des Internetportals *Muslim-Markt,* der türkischstämmige Schiit Yavuz Özoguz Busse mit Muslimen aus Delmenhorst anreisen ließ, stand unter dem Motto „Gerechter Frieden für Palästina, sichere Zukunft für die Juden" (Das Flugblatt befindet sich in meinem Besitz und wurde am Adenauer-Platz in Berlin am 21. Oktober 2006 verteilt). Vordergründig schien dieser Aufruf neutral, sieht man ihn jedoch vor dem Hintergrund dessen, was einen Tag zuvor der iranische Präsident Mahmud Ahmadinedschad als Leitfigur dieses

Al-Quds-Tags gesagt hatte, dann wird das wahre Ziel deutlich. Wie schon mehrfach zuvor bezeichnete er den Staat Israel als unrechtmäßig und erfunden: „Die Existenz dieses Regimes ist die Wurzel vieler Probleme der heutigen Menschheit" (*Spiegel online,* 19.10.06).

Obgleich an der Al-Quds-Demonstration in Berlin seit 2006 nur circa 300 Personen teilnehmen, weit weniger als in den Vorjahren, wird doch deutlich, dass es ein Potenzial antizionistischer Propagandisten in Deutschland gibt, die unterstützt werden von Leuten wie Yavuz Özoguz. Dessen Internetplattform bietet Muslimen Rat für ihr tägliches Leben - Kontaktadressen, Partnersuche, Veranstaltungshinweise und so weiter. Gleichzeitig erfahren Nutzer über den Link „Palästina Spezial", dass Zionisten Rassisten und Palästinenser „Opfer systematischer Vernichtung" seien. Israel wird grundsätzlich nur als „Pseudostaat" bezeichnet. Außerdem wird darüber informiert, dass laut Ayato Uah-ul-Uzma Seyyid Ali Khamene'i „der Erwerb jeglicher Produkte, welche den Zionismus stärken" nicht erlaubt sei, „es sei denn, diese Produkte sind unbedingt notwendig". Damit wird indirekt zum Boykott Israels aufgerufen. Bereits die Linkkennung „Boykott" verrät dies. Interessanterweise findet sich auf der Webseite auch die tropfende Blutleiste, die wir aus radikal islamistischen Holocaust leugnenden Internetauftritten etwa bei Ahmed Ramis *Radio Islam* und anderen einschlägigen rechtsextremen Seiten kennen. Neuerdings werden israelkritische Juden in den Vordergrund gestellt, um die zum Teil antisemitischen Klischees bedienenden Inhalte der Webseite zu legitimieren; ein neuer Link trägt den Titel „Welteinfluss des Zionismus in Deutschland" und bedient nicht nur die klassischen Stereotype des rechtsextremen Lagers, die unterstellen, Juden würden Deutschland mit Entschädigungszahlungen erpressen, sondern auch die Markierung von Unternehmern als jüdisch und die damit zusammenhängende Verbreitung von Zuschreibungen angeblich jüdischer Eigenschaften (*muslimmarkt.de*).

Antisemitische Vorfälle

7

Geht man von den Zahlen aus, die die Landeskriminalämter an das Bundeskriminalamt übermitteln, dann wurden 2011 24 Straftaten und zwei Gewalttaten mit antisemitischem Hintergrund im Phänomenbereich „Politisch motivierte Kriminalität" (PMK) in Deutschland von „Ausländern" begangen. 21 Straftaten (keine Gewalttat) fielen unter die „PMK-sonstige". Für das Jahr 2012 wurden folgende Angaben gemacht: 38 Straftaten (4 Gewalttaten) entfielen auf die Rubrik „PMK-Ausländer" und 19 (keine Gewalttat) auf „PMK-sonstige". Die Kategorie „Ausländer" ist irreführend und keineswegs aussagekräftig. Der Polizei stehen bei ihrer Bewertung einer Straf-/Gewalttat mit antisemitischem Hintergrund neben der „PMK-rechts" und der „PMK-links" aber nur diese beiden zusätzlichen Kategorien zur Verfügung, so ist also zu vermuten, dass Straftaten, die einem „muslimischem Milieu" zugeschrieben werden, unter „Ausländer" oder „sonstige" subsumiert werden. Vergleicht man diese Zahlen mit jenen aus dem rechtsextremen Spektrum, dem 90 % aller Straf- und Gewalttaten mit antisemitischem Hintergrund zuzuordnen sind (2011: 1188 Straftaten und 26 Gewalttaten; 2012: 1.314 Straftaten und 37 Gewalttaten), dann handelt es sich nur um Einzelfälle. Für die Jahre 2006 und 2009 allerdings liegen die Werte mit 89 bzw. 101 Straftaten deutlich höher.[1] Es ist davon auszugehen, dass der Anstieg in direktem Zusammenhang mit der Radikalisierung des Nahostkonflikts stand (2006: der zweite Libanonkrieg; Dezember 2008/Januar 2009: *Operation Gegossenes Blei* – Gazakrieg).

In den letzten Jahren haben einige Vorfälle für Schlagzeilen gesorgt. Im Juni 2010 wurde eine Tanzgruppe der Liberalen Jüdischen Gemeinde Hannover bei einer Aufführung auf einem Stadtteilfest von neun Kindern und Jugendlichen mit teilweise arabischem Migrationshintergrund mit Kieselsteinen beworfen. Zeugen gaben an, es seien auch antisemitische Slogans gerufen worden. Ein mutmaßlicher

---

[1] Bundeministerium des Innern, Referat ÖSII4– Nationale Angelegenheiten Terrorismusbekämpfung, Bekämpfung der Politisch-Motivierten Kriminalität.

J. Wetzel, *Moderner Antisemitismus unter Muslimen in Deutschland,* essentials,
DOI 10.1007/978-3-658-04274-5_7, © Springer Fachmedien Wiesbaden 2014

15-jähriger Täter mit autochthonem deutschem Hintergrund gestand bei einem Gerichtsverfahren gegen ihn im Januar 2011, beteiligt gewesen zu sein.[2] Ende August 2012 ereignete sich ein tätlicher Überfall auf Rabbiner Daniel Alter und dessen Tochter in Berlin-Schöneberg. Wenngleich Alter selbst von „Schlägern" sprach, standen mit den „arabisch aussehenden" jugendlichen Tätern schnell „die Muslime" unter Generalverdacht. Zu beobachten war, wie – trotz der kurz zuvor noch relativ einmütigen öffentlichen Meinung in Bezug auf die Beschneidungsdebatte, beide Religionen verfolgten archaische Rituale – nun „*die* Muslime" am Pranger standen, als vermeintlich einzige Gruppe, die den Antisemitismus in Deutschland ausmacht. Dass der öffentliche Diskurs um die Beschneidung erst kurz zuvor unübersehbar zur Plattform für antisemitische Ressentiments, Vorurteile und Klischees geworden war, schien nun vergessen (Wetzel 2012, S. 265). Anfang September 2012 wurde schließlich bekannt, dass Jugendliche mit „südländischem Aussehen" eine Gruppe von Schülerinnen in Berlin auf der Straße bespuckt und beschimpft hatten. Drei Wochen später wurde der Generalsekretär des Zentralrats der Juden, Stephan J. Kramer, auf offener Straße von einem Mann beschimpft. Diesmal allerdings handelte es sich um einen autochthonen Deutschen. Trotzdem galten die reflexartigen Reaktionen der Presse, wie Kramer berichtet, zunächst der Versicherung, ob es tatsächlich kein „Moslem" gewesen sei.[3]

[2] Benjamin Laufer, Wegen Steinwurf auf Juden vor Gericht, taz.de, 25.1.2011, http://www.taz.de/!64851/ [eingesehen am 15.10.2013].

[3] Aktion Sühnezeichen Friedensdienste, „Wir brauchen keine Toleranz, die nur erduldet". Interview mit Stephan Kramer, in: Zeichen, Nr. 4, Winter 2012, S. 21 f., https://www.asf-ev.de/de/zeichen-setzen/menschenrechte/interview-stephan-kramer.html [eingesehen 15.102.2013].

8 Schlussbemerkung

Defizite in der Integrationspolitik, Diskriminierung und Fremdenfeindlichkeit, aber auch ein Rückzug in eigene Welten als Reaktion auf Ausgrenzungserfahrungen können zur Herausbildung von Milieus beitragen, die extremen Kräften leichtes Spiel bieten. Dem Einfluss von radikalem Islamismus und einer steigenden Akzeptanz des Dschihadismus kann deshalb nur begegnet werden, wenn Integration ernst genommen wird und entsprechende Programme für Schule, Ausbildung, Beruf und Freizeit angeboten werden. Antisemitische Tendenzen müssen in allen gesellschaftlichen Gruppen thematisiert und diskutiert werden, falsche Rücksichtnahmen auf eine mögliche doppelte Stigmatisierung von Bevölkerungsteilen mit Migrationshintergrund, die einerseits mit dem Feindbild Islam belegt werden und andererseits antisemitische Stereotype äußern, helfen nicht weiter. Allerdings entspricht die einseitige Zuschreibung, „die Muslime" seien die Hauptträger des Antisemitismus in Deutschland nicht der Realität. Sie passt in das Bild einer zunehmend islamfeindlichen Stimmung, verkennt aber völlig die Tatsache, dass die größte Gefahr antisemitischer Übergriffe nach wie vor aus dem rechtsextremen Spektrum kommt.

J. Wetzel, *Moderner Antisemitismus unter Muslimen in Deutschland*, essentials, DOI 10.1007/978-3-658-04274-5_8, © Springer Fachmedien Wiesbaden 2014

Literatur

Anti-Defamation League (ADL). 2002. Jihad online: Islamic terrorists and the internet. *adl.org 2002*, Zugegriffen 3.2.2011.

Anti-Defamation League (ADL). Hrsg. 2005. Attitudes toward Jews in twelve European countries. In *adl.org*, Zugegriffen 3.2.2011 (May 2005).

Anti-Defamation League (ADL). Hrsg. (2007) Attitudes toward Jews and the middle east in six European countries. In *adl.org*, May 2007, Zugegriffen 3.2.2011.

Anti-Defamation League (ADL) Hrsg. (2009) Attitudes toward Jews in seven European countries. In *adl. org*, Zugegriffen 3.2.2011 (February 2009).

American Jewish Committee (AJC) Hrsg. (2002) German attitudes toward Jews. The Holocaust and the U.S. In: *ajc.org*, 16.12.2002, Zugegriffen 3.9.2008.

Brettfeld, Katrin und Peter Wetzels. 2007. *Muslime in Deutschland. Integration, Integrationsbarrieren, Religion sowie Einstellungen zu Demokratie, Rechtsstaat und politisch-religiös motivierter Gewalt.* Hamburg.

Buschbom, Jan. 2007. „Antisemitische Tendenzen in der Musikart Rap". In *Antisemitismus – Gleichklang zwischen den Extremen. Dokumente der Fachtagung des Verfassungsschutzes am 22. November 2007 in Potsdam*, Hrsg. Brandenburg, Ministerium des Innern. Potsdam.

Dantschke, Claudia. 2009. „Feindbild Juden – zur Funktionalität der antisemitischen Gemeinschaftsideologie in muslimisch geprägten Milieus, in: Amadeu Antonio Stiftung (Hrsg.). *„Die Juden sind schuld". Antisemitismus in der Einwanderungsgesellschaft am Beispiel muslimisch sozialisierter Milieus*, 14–19. Berlin.

Decker, Oliver, Weißmann Marlies, Kiess Johannes, und Brähler Elmar. 2010. *Die Mitte in der Krise. Rechtsextreme Einstellungen in Deutschland 2010.* Bonn.

Farschid, Olaf. 2007. „Antisemitismus bei islamistischen Gruppen", In *Antisemitismus – Gleichklang zwischen den Extremen. Dokumente der Fachtagung des Verfassungsschutzes am 22. November 2007 in Potsdam.* Hrsg. Brandenburg, Ministerium des Innern, 4–12. Potsdam.

Heyberger, Bernhard. 2006. „Die Rolle der Christen bei der Vermittlung antisemitischer Stereotypen in der arabischen Welt", In *Antisemitismus in Europa und in der arabischen Welt*, Hrsg. Dirk Ansorge, 183–199. Frankfurt a. M.

Holz, Klaus. 2006. „Neuer Antisemitismus? Wandel und Kontinuität der Judenfeindschaft". In *Antisemitismus in Europa und in der arabischen Welt*, Hrsg. Dirk Ansorge, 51–80. Frankfurt a. M.

J. Wetzel, *Moderner Antisemitismus unter Muslimen in Deutschland*, essentials,
DOI 10.1007/978-3-658-04274-5,

Kiefer, Michael. 2002. Antisemitismus in den islamischen Gesellschaften. Der Palästinakonflikt und der Transfer eines Feindbildes, Düsseldorf.

Kiefer, Michael. 2006. Islamischer, islamistischer oder islamisierter Antisemitismus? *Die Welt des Islams*, 46 (2006): 277–306.

Kiefer, Michael. 2007. Islamistischer oder islamisierter Antisemitismus? In *Antisemitismus und radikaler Islamismus*, Hrsg. Benz Wolfgang, und Wetzel Juliane, 71–84. Essen.

Mansel, Jürgen, und Spaiser Viktoria. 2010. Abschlussbericht Forschungsprojekt „Soziale Beziehungen, Konfliktpotentiale und Vorurteile im Kontext von Erfahrungen verweigerter Teilhabe und Anerkennung bei Jugendlichen mit und ohne Migrationshintergrund", Bielefeld. http://www.vielfalt-tut-gut.de/content/e4458/e8260/Uni_Bielefeld_Abschlussbericht_Forschungsprojekt.pdf.

Messerschmidt, Astrid. 2006. „Verstrickungen. Postkoloniale Perspektiven in der Bildungsarbeit zum Antisemitismus". In *Neue Judenfeindschaft? Perspektiven für den pädagogischen Umgang mit dem globalisierten Antisemitismus*, Hrsg. Fritz Bauer Institut, und Jugendbegegnungsstätte Anne Frank, Frankfurt a. M.

Müller, Jochen. 2006. „Von Antizionismus und Antisemitismus. Stereotypenbildung in der arabischen Öffentlichkeit". In *Antisemitismus in Europa und in der arabischen Welt*, Hrsg. Dirk Ansorge, 163–181. Frankfurt a. M.

Müller, Jochen. 2007. „Antisemitismus in türkischen und arabischen Medien". *Antisemitismus -Forschung und aktuelle Entwicklungen FES Politische Akademie Policy* 21 (2007).

Müller, Jochen. 2007a. Auf den Spuren von Nasser. Nationalismus und Antisemitismus im radikalen Islamismus. In *Antisemitismus und radikaler Islamismus*, Hrsg. Benz Wolfgang und Wetzel Juliane, 85–101. Essen.

Nordbruch, Götz. 2004. „Antisemitismus als Gegenstand islamwissenschaftlicher und Nahost-bezogener Sozialforschung". In *Antisemitismusforschung in den Wissenschaften*, Hrsg. Werner Bergmann, und Körte, Mona, 241–269. Berlin.

Nordbruch, Götz. 2004a. Modernisierung, Anti-Modernismus, Globalisierung – Judenbilder, Verschwörungstheorien und gesellschaftlicher Wandel in der arabischen Welt. In *Das bewegliche Vorurteil. Eigen- und Fremdbilder des Jüdischen*, Hrsg. Claudia von Braun und Eva-Maria Ziege, 201–219. Würzburg.

Samuels, Shimon, und Knobel Mark. 2002. *Antisemitism 2002 in France. „Intifada" – import or dome-stic malaise*? Paris: Centre Simon Wiesenthal.

Stender, Wolfram, und Follert Guido 2010. „‚das kommt jetzt wirklich nur aus der muslimischen Welt'. Antisemitismus bei Schülern in der Wahrnehmung von Lehrern und Schulsozialarbeitern. Zwischenergebnisse aus einem Forschungsprojekt". In *Konstellationen des Antisemitismus. Antisemitismusforschung und sozialpädagogische Praxis*, Hrsg. Wolfram Stender, Guido Follert und Mihri Özdogan, 199–223. Wiesbaden

Tibi, Bassam. 2003. Der importierte Hass, In *Die Zeit* 6.2.2003.

Weingärtner, Daniela. 2005. EU als Medienwächterin. Wie weit reicht Brüssels Arm? In *M\ Menschen machen Medien* 12(2005)–1(2006).

Wetzel, Juliane. 2004. Antisemitismus und Holocaustleugnung als Denkmuster radikaler islamistischer Gruppierungen. In *Extremismus in Deutschland. Erscheinungsformen und aktuelle Bestandsaufnahme*, Hrsg. Bundesministerium des Innern, 253–272. Berlin.

Wetzel, Juliane. 2012. Judenfeindliche Stereotypisierungen: Das Beschneidungsurteil im öffentlichen Diskurs. In *Beschneidung: Das Zeichen des Bundes in der Kritik. Zur Debatte um das Kölner Urteil*, Hrsg. Stephan J. Kramer und Johannes Heil, 264–275. Berlin.